*B*ajo este epígrafe se engloba un tipo de cocina que, por sus características alimenticias, también podríamos denominar «Cocina Sana». Los detractores de ésta apelan, por lo general, a su falta de sabor y buen gusto. Sin embargo, como podrá comprobarse más adelante, no es así.

Es importante determinar el valor energético de cada comida y administrarla en razón del sexo, la edad y constitución física de cada persona.

Todos los alimentos están compuestos de:

— Proteínas: 1 gm. 4 calorías.

— Hidratos: 1 gm. 4 calorías.

— Grasas: 1 gm. 9 calorías.

Teniendo en cuenta estos datos, la tabla básica de calorías normal sería la siguiente:

— Hombres: Joven: 3000 cal/día

Adulto: 2700 cal/día

— Mujeres: Joven: 2100 cal/día

Adulto: 2000 cal/día

Es de todos conocido, que las grasas son la parte del alimento que más engorda, principalmente las grasas animales. Sin embargo, nunca hay que olvidar que, en su justa medida, también resultan necesarias.

Actualmente, y por diferentes medios, se propaga la fiebre del culto al cuerpo. De manera insistente, nos ofrecen productos milagrosos para reducir peso en poco tiempo. Estos compuestos pueden resultar peligrosos sino cuentan, previamente, con el beneplácito de su médico especialista. Lo que está bastante claro es que para adelgazar es necesario consumir menos grasa. De este modo, nuestro organismo va quemando las reservas acumuladas con la consiguiente reducción de volumen y perdida de peso. A veces, las causas de la obesidad no están directamente ligadas a los hábitos de consumo, sino a problemas de tiróides u otros en general.

Si su intención es eliminar las grasas de su dieta habitual. ¡Echele imaginación!. Por ejemplo, puede cambiar la nata por leche desnatada. Esperamos que estas recetas le ayuden a mejorar su línea y la de los suyos.

Aperitivos

El aperitivo puede ser un momento tentador que desequilibra una dieta.

Por esto doy aquí la receta de algunos pinchos y tentempiés de valor calórico bajo.

Sólo quiero hacer una indicación obvia: un canapé, por ejemplo, puede proporcionar unas 40 calorías, pero cuatro supondrán 160...

y este dato habrá que sumarlo al resto de los alimentos consumidos en el día. Doy solamente un dato aproximado del valor calórico. Por utilizarse en poca cantidad, en el aperitivo variará poco la proporción de principios inmediatos, ya que más que un alimento es un entretenimiento.

Canapés variados

 5 min

Ingredientes

Canapés de pan:	1 unidad (fresco o tostado)

Tomates
Anchoas

Preparación

Cubrir el pan con un trocito de tomate y adornar con la anchoa lavada.
Cal.: 40.

Ingredientes

Tomate
Huevo duro

Preparación

Cubrir el pan con una rodaja de tomate y otra de huevo duro.
Cal.: 40.

Ingredientes

Queso fresco
Pepinillos

Preparación

Untar el pan con el queso fresco y adornar con el pepinillo en rodajas.
Cal.: 40.

Ingredientes

Queso
Anchoas

Preparación

Untar el pan con queso fresco, adornar con tiras finas de anchoa (perfectamente lavada).
Cal.: 45.

Canapés variados

Pinchos variados

 5 min

Ingredientes
Tomates: 1 gajo pequeño
Anchoas: 1 unidad

Preparación
Lavar la anchoa y enrollar con ella
el gajo de tomate.
Cal.: 20.

Ingredientes
Tomates: 1 gajo
Queso fresco: 1 taco

Preparación
Ensartar en un palillo.
Cal.: 15.

Ingredientes
Remolacha en vinagre
Pepinillos

Preparación
Ensartar en un palillo.
Cal.: 10.

Ingredientes
Cebolletas
Pepinillos

Preparación
Ensartar en palillo.
Cal.: 10.

Ingredientes
Jamón de york
Pepinillos: .3 rodajas
Pimiento morrón

Preparación
Ensartar en un palillo.
Cal.: 15.

Pepinillos con jamón

 5 min

Ingredientes
Pepinillos en vinagre: 1 unidad
Jamón de york: 1 tira
Pimiento morrón: 1 tira

Preparación
Cortar el pepinillo en
rodajas.
Ensartar en el palillo,
intercalando
tiritas de jamón
york y pimiento.
Cal.: 40.

■ Boquerones con pepinillos

  5 min

Ingredientes

Pepinillos en vinagre:	1 unidad
Boquerones:	1 unidad

Preparación

Lavar el boquerón si tiene aceite. Partir el pepinillo por la mitad a lo largo. Rellenar con el boquerón. También puede hacerse con achoas en aceite, lavadas previamente o con un trocito de pollo asado o a la plancha.
Cal.: 30.

■ Ciruelas con queso fresco

  5 min

Ingredientes

Ciruelas pasas:	1 unidad
Queso fresco/Jamón york	1 taco

Preparación

Poner la ciruela en remojo con antelación para que no se ablande. Deshuesar y rellenar con un taco de queso fresco o de jamón de york.
Cal.: 45.

■ Tacos de jamón y piña

  5 min

Ingredientes

Piña:	1 taco
Jamón de york:	1 tira fina

Preparación

Envolver el taco de piña con la tira de jamón, ensartar en palillo y servir frío o a la plancha.
Cal.: 30.

■ Boquerones en vinagre

  20 min

Ingredientes

Boquerones:	1/2 kilo
Vinagre:	1/4 litro
Perejil	
Sal	

Pinchos: colines con jamón y boquerones con pepinillos.

Preparación

Limpiar los boquerones quitándoles también la espina central y separar en dos filetes.
Se lavan bien y se dejan toda una noche en vinagre.
Al día siguiente quitar el vinagre y volver a ponerlos en otro vinagre limpio, sal y perejil picado.
Si se conservan más de 2 días, hay que quitar el vinagre y cubrirlos con aceite, pero a la hora de consumirlos habrá que lavarlos, ya que el aceite tiene un alto valor calórico.
1 boquerón = 15 cal.

■ Colines con jamón

  5 min

Ingredientes

Pan de colín pequeño:	1 unidad

Jamón de york: 1 tira fina

Preparación

Envolver el colín con la tira de jamón,
dejando ver los dos extremos
del pan.

Cal.: 35.

 ## Tacos de manzanas con anchoas

 5 min

Ingredientes

Manzanas: 1 gajo
Limones
Anchoas: 1 unidad

Preparación

Frotar el gajo de manzana con limón
para que no se oscurezca.
Lavar las anchoas

para eliminar el aceite.
Envolver las manzanas con las anchoas
y pinchar en el palillo.

Cal.: 40.

 ## Tacos de naranja con queso fresco

 5 min

Ingredientes

Naranjas: 1 gajo
Queso fresco: 1 taco

Preparación

Pelar el gajo de naranja
quitándole bien
toda la piel.
Pinchar en un palillo junto a un taco
de queso fresco.

Cal.: 15.

Sopas y cremas

Un caldo elaborado por el sistema tradicional de cocción prolongada de varios ingredientes, o un caldo concentrado comercial pueden tener un valor calórico mínimo, siempre que no lleven grasa. Los caldos comerciales suelen tenerla y los tradicionales —más agradables y caseros— pueden desgrasarse totalmente si se dejan enfriar y se recoge la grasa que se solidifica en su superficie. Esa grasa proviene de las carnes que se utilizan en su elaboración. De entre las carnes y purés, he seleccionado las que por no tener gran cantidad de mantequilla, nata o aceite, resultan aceptables. Doy también una receta de gazpacho; pueden utilizarse otras recetas, siempre que se emplee una cantidad limitada de aceite y pan.

Crema de puerros

 60 min

Ingredientes

Caldo (tradicional o comercial):	1 litro
Puerros:	400 gramos
Patatas:	200 gramos
Nata líquida:	1 decilitro
Sal	

Preparación

Cocer la patata y el puerro —ya limpio y troceado— en la olla a presión unos 10 minutos, con el caldo.

Triturar todo y pasarlo por el chino. Calentar, rectificar de sal y añadir la nata líquida.

Puede tomarse caliente o fría, espolvoreada de perejil picado.

Por ración:

Cal.	Prot.	Gras.	Hid. C.
135	3,3	6,3	14,3

Gazpacho

 40 min

Ingredientes

Tomates maduros:	1 kilo
Pepinos:	100 gramos
Pimientos:	50 gramos
Pan:	20 gramos
Aceite:	3 cucharadas
Vinagre:	1 cucharada

Agua fría:	1 litro
Sal	

Guarnición:

Tomates:	100 gramos
Pepinos:	100 gramos
Pimientos:	100 gramos

Preparación

Triturar todos los ingredientes con minipimer y pasar por colador chino.

Sazonar.

Acompañar con la guarnición troceada.

Por ración:

	Cal.	Prot.	Gras.	Hid. C.
Gazpacho	144	3,2	8,4	13,9
Guarnición	15	0,07	0,15	3

Caldo tradicional

 90 min

Ingredientes

Carne de vaca (por ejemplo morcillo):	200 gramos
Gallina o pollo:	1 cuarto
Huesos de caña:	2 unidades
Cebollas:	1 unidad
Zanahorias:	2 unidades
Agua:	2 litros
Perejil	

Preparación

Poner los ingredientes en agua fría y dejar cocer.

Ha de hervir 3 horas a fuego lento 1 hora en olla a presión.

Colar y dejar enfriar totalmente.

Cuando está frío se retira toda la grasa que se habrá depositado en la superficie. De este modo el valor calórico del caldo resulta mínimo (unas 10 calorías por persona).

Con este caldo puede elaborarse un consomé o alguna sopa.

De pasta: 20 gramos por persona: 72 calorías.

De arroz: 20 gramos de arroz por persona: 73 calorías.

De verdura: 100 gramos de verdura, 30 calorías.

*Crema de
puerros
(abajo)*

*Gazpacho
(arriba)*

Sopa de pescado

Sopa de pescado

 60 min

Ingredientes

Pescado (rape, congrio, merluza):	1/2 kilo
Mejillones:	1/2 kilo
Puerros:	200 gramos
Zanahorias:	100 gramos
Cebollas:	100 gramos
Accite:	2 cucharadas
Ajo, perejil, laurel, tomillo y limón	

Preparación

Hacer un caldo poniendo en 2 litros de agua, la cebolla, las zanahorias, el perejil, el laurel, el tomillo y las espinas de los pescados. Cocer 1/2 hora y colar.

Abrir los mejillones poniéndolos al fuego en una cacerola con poca agua, sal y limón.

Quitar una valva al mejillón y reservar el caldo colado.

En el aceite dorar un diente de ajo picado y añadir el puerro cortado en rodajas muy finas, rehogar y añadir el caldo del pescado y de los mejillones. Cuando está cocido añadirle los pescados troceados y cuando hayan dado un hervor, ya fuera del fuego, incorporar los mejillones y servir.

Por ración:

Cal.	Prot.	Gras.	Hid. C.
177	24,7	5,8	6,6

Sopa de ave

 60 min

Ingredientes

	4 raciones
Caldo (tradicional o comercial):	1 litro
Pechugas de pollo:	100 gramos
Huevos:	1 unidad
Jamón serrano:	50 gramos
Jerez:	1 cucharada

Preparación

Se puede utilizar una pechuga de pollo ya asada o hervirla en el propio caldo de la sopa. Una vez cocida se desmenuza en tiras finas.

El huevo se cuece 12 minutos, se pela y se trocea.

El jamón serrano se corta en tiras muy finas.

Calentar la sopa con todos sus ingredientes, añadirle el jerez en el momento de servir.

Por ración:

Cal.	Prot.	Gras.	Hid. C.
103	8,2	7,8	—

Sopa de verduras frescas

 90 min

Ingredientes

Caldo (tradicional o comercial):	2 litros
Puerros:	100 gramos
Lechuga:	200 gramos
Espinacas:	100 gramos
Judías verdes:	100 gramos
Hierbabuena y sal	

Preparación

Limpiar los puerros y rodajas en rodajas finas. Limpiar la lechuga y cortar en serpentina.

Limpiar las espinacas y trocearlas pequeñas.

Limpiar las judías verdes y cortarlas en tiras.

Cocer todas las verduras con el caldo unos 30 minutos. Condimentar con sal y hierbabuena.

Por ración:

Cal.	Prot.	Gras.	Hid. C.
27	2,2	0,3	4,2

Crema india al curry

 90 min

Ingredientes

Caldo (tradicional o comercial):	1 litro
Cebollas:	400 gramos
Harina de arroz o maizena:	20 gramos
Mantequilla:	20 gramos
Leche:	1 decilitro
Manzana:	100 gramos
Coco rallado:	20 gramos
Curry en salsa o en polvo	
Sal	

Preparación

Cocer en el caldo la cebolla pelada y partida en trozos, la manzana, partida en tiras y sin pelar y el coco rallado —en olla a presión 10 minutos.—

Triturar con minipimer y colar.

Desleír la harina de arroz o la maizena en 1 decilitro de leche y añadirla a la crema moviendo bien.

Acercar al fuego hasta que espese y cocer unos minutos.

Condimentar con el curry y sazonar.

Al retirarla del fuego incorporar la mantequilla y servir.

Puede también servirse fría.

Por ración:

Cal.	Prot.	Gras.	Hid. C.
113	3	7,15	9,2

Sopa de verduras frescas

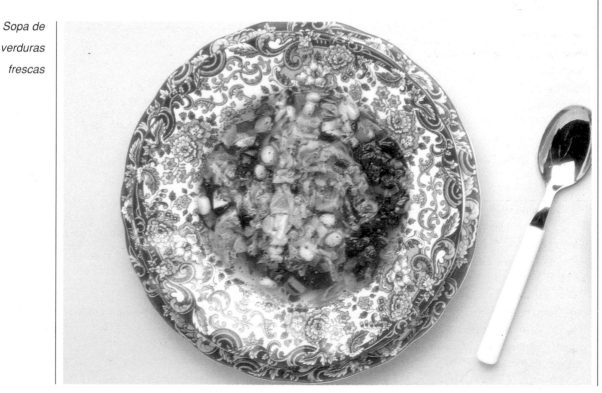

Verduras y ensaladas

Las verduras y las hortalizas son alimentos con alto contenido en vitaminas y sales minerales y proporcionan también fibra vegetal indigerible: celulosa que no tiene valor calórico, pero proporciona volumen —valor de saciedad— y facilita el tránsito intestinal. El valor calórico más alto de un plato de verdura lo proporciona el aceite del aliño.

Por ejemplo:

- 1 cucharada de aceite = 90 calorías.
- 1 ración de lechuga (50 gramos) = 8 calorías.
- 1 ración de espinacas cocidas (250 gramos) = 50 calorías.

Por esto no hay que excederse en la cantidad de aceite o mantequilla para aderezar una verdura. El vinagre, el limón, el ajo, la cebolla, etcétera, tienen un valor calórico muy bajo y pueden utilizarse para condimentar. Algunas verduras, para proporcionarle un sabor determinado sin aumentar su valor calórico, siempre que este caldo sea desgrasado, pueden cocerse en caldo, (ver caldos) o comercial.

Para las ensaladas doy una serie de aliños de valor calórico medio o bajo, para escoger en cada caso.

Ensalada completa

 25 min

Ingredientes	4 raciones
Lechugas:	1 unidad
Zanahorias:	1/2 kilo
Pepinos:	1/4 kilo
Manzanas:	2 unidades
Lombardas:	1/4 kilo
Aliño sencillo, o tradicional	

Preparación

Limpiar y trocear la lechuga muy pequeña.
Rallar la zanahoria en juliana.
Pelar y cortar el pepino y la manzana en rodajas muy finas.
Limpiar y cortar en trozos muy pequeños la lombarda.
Juntar todos los ingredientes una vez preparados e incorporar el aliño.
Dejarlo por lo menos 1 hora en maceración para que coja el sabor. Servir frío.

Por ración:

Cal.	Prot.	Gras.	Hid. C.
51	1,6	0,4	10 + aliño

Calabacines con queso

 45 min

Ingredientes	4 raciones
Calabacines:	1 kilo
Cebollas:	300 gramos
Leche:	1 decilitro
Nata líquida:	1 decilitro
Queso de Roquefort:	40 gramos
Sal y pimienta blanca	

Preparación

Cortar la cebolla en juliana y cocerla con poca agua hasta que esté muy hecha.
En este punto añadir los calabacines pelados y cortados en cuadritos no muy pequeños y cocer todo junto, removiéndolo, de modo que se haga en su propio jugo, pero añadiendo agua si lo precisara.
Mezclar la leche, la nata y el queso —mejor con minipimer— y condimentar con sal y pimienta.

Ensalada completa

Cuando los calabacines estén blandos, incorporar la salsa de queso, calentar todo junto y servir en fuente honda.

Por ración:

Cal.	Prot.	Gras.	Hid. C.
187	5,2	9,3	—

Aliño de Roquefort

 20 min

Ingredientes

Claras:	2 unidades
Queso de Roquefort:	25 gramos
Leche:	1 decilitro
Aceite:	1/2 decilitro

Preparación

Poner todos los ingredientes en el vaso de la minipimer y batir muy bien hasta conseguir una mezcla fluida.

Utilizar como suplemento o aderezo.

Por ración:

Cal.	Prot.	Gras.	Hid. C.
547	11,9	53	2

Repollo agridulce

 60 min

Ingredientes

	4 raciones
Repollo:	1 kilo
Cebollas:	1/2 kilo
Mantequilla:	10 gramos
Aceite:	2 cucharadas
Azúcar:	1 cucharada
Vinagre:	1 cucharada
Cominos:	1 cucharada
Sal	

Preparación

Limpiar el repollo, picarlo fino y cocer. Cuando esté en su punto se escurre bien para que quede muy seco. Majar los cominos con la sal, diluir con el vinagre, y el aceite y mezclar con el repollo escurrido. Pelar las cebollas, cortarlas en rodajas finas y cocer en poca agua. Cuando está muy hecha, escurrir, añadir la mantequilla y el azúcar y dar unas vueltas hasta que las cebollas se doren un poco. Colocar en una fuente la mitad del repollo, la cebolla y recubrir con el resto del repollo.

Por ración:

Cal.	Prot.	Gras.	Hid. C.
163	5	5	26

Coliflor en vinagreta

 90 min

Ingredientes

Coliflor:	1 kilo
Pepinillos:	20 gramos
Alcaparras:	20 gramos
Aceitunas:	50 gramos
Pimiento morrón:	20 gramos
Clara de huevo duro:	1 unidad
Anchoas:	4 unidades
Tomates:	100 gramos
Yogur:	1 vaso
Aceite:	2 cucharadas
Sal y limón	

Preparación

La coliflor se limpia, se parte en ramitos y se cuece en agua con sal y limón, cuidando de que no se deshaga. Escurrir. Preparar la vinagreta troceando los pepinillos, las alcaparras, las aceitunas, el pimiento y la clara. Las anchoas se lavan antes de picarlas, y el tomate se escalda, se pela y se quitan las semillas, picándolo también después.

Se mezclan con el aceite y el yogur y se da el punto de sal. Cubrir la coliflor con la vinagreta y servir frío.

Puede suprimirse el yogur, añadiendo en este caso una cucharada de vinagre y dos de agua.

Por ración:

Cal.	Prot.	Gras.	Hid. C.
195	9,9	10	15,4

Ensalada con melón

 90 min

Ingredientes

	4 raciones
Repollos:	1 kilo
Pasas:	100 gramos
Melón:	400 gramos
Zanahorias:	200 gramos

Coliflor en vinagreta

*Ensalada
de tomate*

Preparación

Aliño de nata, (ver pag. 20) de pimentón o tradicional.

Poner a remojo las pasas por lo menos 30 minutos.

Limpiar y cortar el repollo en juliana muy fina (tiritas muy finas).Trocear el melón en cuadritos pequeños. Limpiar y rallar en tiritas la zanahoria.

Unir todos los ingredientes, ponerle el aliño elegido y dejar macerando un rato largo para que coja sabor.

Servir frío.

Por ración:

Cal.	Prot.	Gras.	Hid. C.
201	5,9	0,6	43

Ensalada de tomate

  60 min

Ingredientes	4 raciones
Tomates:	800 gramos
Patatas:	400 gramos
Zanahorias:	400 gramos
Hierbabuena	

Aliño tradicional, sencillo, o nata

Preparación

Escaldar y pelar los tomates. Cortarlos en rodajas no demasiado finas.

Cocer las patatas en agua con sal una vez lavadas. dejarlas·enfríar. Pelarlas y cortarlas en rodajas.

Pelar y rallar la zanahoria en tiritas muy finas.

Picar la hierbabuena.

Unir los ingredientes. Cubrir con el aliño y dejar macerar por lo menos 30 minutos. Servir frío.

Por ración:

Cal.	Prot.	Gras.	Hid. C.
158	5,1	0,9	36,2

Zanahorias a la crema

 60 min

Ingredientes	4 raciones
Zanahorias:	800 gramos
Caldo:	1/2 litro

Nata líquida:	1 decilitro
Yemas de huevo:	2 unidades
Perejil picado y sal	

Preparación

Limpiar y pelar las zanahorias, cortarlas en rodajas cocerlas hasta que estén blandas y el caldo haya quedado muy reducido

(si no están en su punto cocer despacio para que queden apenas unas cucharadas).

Colocar las zanahorias en una fuente de horno y mezclar el caldo reducido con la nata líquida, las yemas y el perejil. Sazonar.

Cubrir con esta salsa las zanahorias y llevar unos minutos al horno para que se caliente, pero sin hervir.

Por ración:

Cal.	Prot.	Gras.	Hid. C.
187	5,2	9,3	—

■ Ensalada americana

 20 min

Ingredientes	4 raciones
Zanahorias:	800 gramos
Maíz:	1 lata de 1/2 kilo
Manzanas:	500 gramos
Naranjas:	3 unidades en zumo
Pasas de corinto:	50 gramos
Aliño de nata, o tradicional	

Preparación

Poner las pasas a remojo en agua durante 1/2 hora.

Pelar y rallar la zanahoria en tiritas muy finas y poner a macerar en zumo de naranja durante 1 hora, para que cojan sabor. Añadirle, pasado ese tiempo, las pasas escurridas, el maíz y la manzana pelada y cortada en cuadraditos pequeños. Ponerle el aliño elegido y servir fría.

Por ración:

Cal.	Prot.	Gras.	Hid. C.
285	3,1	1	65,9 + aliño

■ Ensalada con queso

 20 min

Ingredientes	4 raciones
Endibias:	1 bandeja (unos 250 gramos)
Queso de Roquefort:	100 gramos

Zanahorias:	400 gramos
Champiñones:	200 gramos
Limones:	1 unidad
Zumo de naranja:	1 unidad
Aceite:	1/2 decilitro
Pimienta y sal	

Preparación

Hacer el zumo de naranja y colarlo.

Pelar y rallar la zanahoria en juliana (tiritas finas) y ponerlas a macerar en el zumo de naranja 1 hora.

Limpiar y lavar el champiñón, filetearlo y ponerlo a macerar con el zumo de limón.

El queso ponerlo con el aceite en el vaso de la minipimer y triturarlo.

Añadir el zumo de la maceración de las zanahorias y de los champiñones.

Salpimentarlo. Cortar las endibias, mezclar con los champiñones y las zanahorias y cubrir con el aliño de queso.

Dejar que coja sabor y servir.

Por ración:

Cal.	Prot.	Gras.	Hid. C.
258	5,6	19,9	14,1

■ Ensalada sencilla

 50 min

Ingredientes	4 raciones
Pepinos:	800 gramos
Hierbabuena:	1 rama
Patatas:	400 gramos
Aliño tradicional, o sencillo	

Preparación

Poner a cocer las patatas lavadas y con piel en agua con sal. Y cortarlas en rodajas después de que se hayan enfriado.

Pelar y cortar los pepinos en rodajas finas.

Poner una capa de patatas, cubrir con otra de pepino, ponerle las hojas de la hierbabuena —bastantes— y cubrir con el aliño.

Dejar en maceración por lo menos 30 minutos.

Por ración:

Cal.	Prot.	Gras.	Hid. C.
117	3,6	0,3	25 + aliño

Ensalada
americana
(arriba)

Ensalada
con queso
(abajo)

Ensalada de palmitos

 60 min

Ingredientes

Palmitos:	1 lata (de 1/2 kilo)
Champiñón:	250 gramos
Zanahorias:	250 gramos
Zumo de limón:	2 unidades en zumo
Aceite:	1/2 decilitro
Perejil, estragón, pimienta y sal	

Preparación

Limpiar y filetear los champiñones. Lavarlos perfectamente. Ponerlos en el zumo de limón para que no se pongan oscuros.

Pelar y rallar la zanahoria en tiritas muy delgadas e incorporar a los champiñones.

Sacar los palmitos de la lata y trocearlos en rodajas no demasiado finas. Poner con los champiñones y la zanahoria.

Batir el aceite, la sal, el perejil, el estragón, la sal y la pimienta con la minipimer.

Volcarlo sobre la ensalada y dejarlo por lo menos 1/2 hora para que coja sabor.

Servir a temperatura ambiente.

Por ración:

Cal.	Prot.	Gras.	Hid. C.
191	3,5	10,7	20,2

Pimientos rellenos

 75 min

Ingredientes — 4 raciones

Pimientos rojos en conserva:	8 unidades
Puré de patata en copos:	200 gramos
Gambas:	16 unidades
Merluza:	100 gramos
Agua:	1/2 litro
Aceite:	2 cucharadas
Ajos:	2 dientes
Vino blanco:	1 decilitro
Romero y sal	

Preparación

Hacer un puré de patata un poco espeso con los copos de puré y el agua (también puede hacerse natural). Sin retirarlo del fuego incorporar la merluza cruda desmenuzada y las gambas. Condimentar con la sal y el romero. Rellenar los pimientos y colocar en cazuela de barro. En una sartén poner el aceite y dorar los ajos en láminas. Añadir el vino blanco de golpe y dejar reducir un poco.

Incorporarle unas cucharadas del jugo de la lata de los pimientos y ponerlo todo en la cazuela de barro. Cocer al horno.

Por ración:

Cal.	Prot.	Gras.	Hid. C.
158	6	99	13,2

Pimientos rellenos

Puerros con salsa blanca

Aliño de pimentón

 10 min

Ingredientes

Aceite:	1/2 vaso
Zumo de limón:	1 limón
Pimentón:	1 cucharadita
Cominos y sal	

Preparación

Se pone un momento a calentar el
aceite en una sartén, se incorpora el pimentón
y cuando empieza a coger temperatura el aceite se
añade el zumo de limón y se retira. Se echa en el vaso de
la minipimer y se incorporan
se le pone los cominos y la sal y se bate bien.

Por ración:

Cal.	Prot.	Gras.	Hid. C.
924	0,4	100	5,7

Puerros con salsa blanca

 45 min

Ingredientes   4 raciones

Puerros:	800 gramos
Harina:	2 cucharadas
Mantequilla:	30 gramos
Ajos:	3 dientes
Almendra molida:	30 gramos
Sal y pimienta blanca	

Preparación

Limpiar y cocer los puerros sin trocearlos, reservando el
agua de cocción. En la mantequilla se dora el ajo picado
y se añade la harina. Rehogar y añadir caldo de cocción
de los puerros, incorporar la almendra molida y cocer.
Cuando está en su punto, condimentar con sal y pimienta
blanca y cubrir con esta salsa los puerros.

Por ración:

Cal.	Prot.	Gras.	Hid. C.
175	4,1	9	18

19

Aliño de nata

  10 min

Ingredientes	4 raciones
Nata líquida:	2 decilitros
Aceite:	1/2 decilitro
Zumo de limón:	1 unidad
Perejil picado:	1 cucharada
Pimienta y sal	

Preparación

Batir ligeramente la nata, añadir poco a poco el aceite, ponerle el zumo de limón, el perejil, la sal y la pimienta. Batir todo junto. Conservar en frío.

Por ración:

Cal.	Prot.	Gras.	Hid. C.
1.026	5	87,6	13,9

Judías verdes con pimientos

 60 min

Ingredientes	4 raciones
Judías verdes:	800 gramos
Pimientos rojos:	500 gramos
Aceite:	4 cucharadas
Ajos:	2 dientes
Perejil picado y sal	

Preparación

Se limpian las judías y se cuecen en agua hirviendo con sal. Los pimientos rojos se asan al horno y después se pelan y se hacen tiras. En el aceite se fríe el ajo en láminas y cuando está dorado se le añade el perejil picado y los pimientos asados. Se incorporan también las judías verdes, una vez cocidas y escurridas se da una vuelta a todo y se sirve caliente.

Por ración:

Cal.	Prot.	Gras.	Hid. C.
200	6,5	10,6	19,6

Ensalada Aranjuez

 60 min

Ingredientes	4 raciones
Espárragos trigueros:	500 gramos
Lechugas:	1 unidad (unos 200 gramos)

Aliño de nata (arriba)

Patatas:	300 gramos
Aliño tradicional, o de pimentón	

Preparación

Limpiar los espárragos trigueros, quitando toda la parte fibrosa de los tallos. Cocerlos tumbados en agua con sal, procurando que sea un hervor lento y que el agua les cubra constantemente, para que no se rompan las yemas. Dejarlos enfriar en el agua.

Limpiar y cortar la lechuga a trozos pequeños. dejarla en agua fría hasta el momento de prepararla.

Cocer con piel las patatas lavadas. Dejarlas enfriar y pelar. Cortar a rodajas. Poner un fondo de patatas en la fuente, cubrir con la lechuga muy escurrida y colocar encima los espárragos. Poner el aliño y dejar macerar por lo menos 1/2 hora para que coja sabor. Servir frío.

Cal.	Prot.	Gras.	Hid. C.
120	4,7	0,5	24,2 + aliño

Lechugas rellenas

 60 min

Ingredientes	4 raciones
Lechugas:	2 grandes
Champiñones:	400 gramos
Cebollas:	100 gramos
Pan rallado:	2 cucharadas
Mantequilla:	20 gramos
Caldo de carne (sin grasa)	

Limón y sal

Preparación

Lavar las lechugas, quitar las hojas externas y cocer enteras en caldo. Escurrir y partir por la mitad a lo largo. En agua con sal y limón cocer los champiñones con la cebolla picada muy fina. Cuando esten en su punto escurrir y picar un poco. Rellenar con los champiñones y cebollas las mitades de lechuga, doblándolas por la mitad y colocarlas en una fuente de horno, bañándolas con un poco de caldo de cocción. Espolvorearlas con pan rallado y mantequilla y gratinar.

Por ración:

Cal.	Prot.	Gras.	Hid. C.
120	10	5,5	9

Ensalada granadina

 30 min

Ingredientes	4 raciones
Escarola:	1 unidad
Granadas:	2 unidades
Zanahorias:	250 gramos
Ajos:	2 dientes
Aceite:	1/2 decilitro
Vinagre:	1/2 decilitro
Pimienta y sal	

Preparación

Limpiar, lavar y trocear pequeña la escarola. Reservar en agua fría.

Limpiar la granada, dejando cada grano bien suelto y limpio. Limpiar y rallar la zanahoria.

Unir los ingredientes y salpimentarlos. Ponerle también un poquito de vinagre. Poner el aceite en una sartén y freir los ajos cortados en láminas muy finas. Cuando están dorados volcar sobre la ensalada y mover bien. Dejar unos 15 minutos macerando para que coja el sabor. Podría ponérsele también alguno de los otros aliños, según el gusto.

Por ración:

Cal.	Prot.	Gras.	Hid. C.
157	2,4	103	13,5 + aliño

Alcachofas con queso fresco

 60 min

Ingredientes	4 raciones
Alcachofas:	4 unidades medianas por persona
Queso fresco:	200 gramos
Cebollas:	200 gramos
Mantequilla:	20 gramos
Maizena:	1 cucharada
Caldo:	1/2 litro
Sal y limón	

Preparación

Las alcachofas se limpian quitándoles las hojas duras y las pelusas que tienen en el interior. Se frotan con limón y se cuecen en agua con sal y limón. Una vez cocidas se escurren, se rellenan con el queso fresco y se colocan en una fuente de horno. Se cuece la cebolla picada con el caldo y cuando está en su punto se añade la mantequilla y la maizena disuelta previamente en leche fría. Se cuece la salsa, se pasa por el chino y se cubren con ella las alcachofas. Meter la fuente unos minutos al horno para que se caliente todo y se funda el queso.

Por ración:

Cal.	Prot.	Gras.	Hid. C.
233	11,7	8,7	27

Ensalada granadina

Pencas de
acelgas con
berberechos

Pencas de acelga con berberechos

 60 min

Ingredientes	4 raciones
Tallos de acelga:	800 gramos
Zanahorias:	300 gramos
Cebollas:	200 gramos
Berberechos:	1 lata pequeña
Vino blanco:	1 decilitro
Sal, limón, perejil y aceite	

Preparación

Limpiar los tallos de acelga.
Quitarles las hebras y cortarlas en porciones de 5 centímetros.
Cocer en agua con sal y limón.
En un fondo de aceite estofar la cebolla picada.
Cuando esté en su punto
escurrir todo el aceite
añadir el perejil picado y la zanahoria partida a cuadraditos que habremos
cocido previamente.
Incorporar el vino y dejar reducir.
Añadir los berberechos con el jugo de la lata
(colarlo por un trapo por si tiene arena).
Mezclar los tallos de acelgas en el refrito

y cocer todo junto unos minutos, añadiendo agua o caldo si lo precisa.

Por ración:

Cal.	Prot.	Gras.	Hid. C.
151	7,8	3,2	22,7

Ensalada con soja

 30 min

Ingredientes	4 raciones
Brotes de soja:	1 bote de 1/2 kilo
Berros:	2 manojos
Zanahorias:	500 gramos
Aliño tradicional	

Preparación

Limpiar los berros que habrán estado en
remojo dejando sólo la parte de las hojas. Trocear los
brotes de soja. Limpiar y rallar la zanahoria muy fina.
Unir los ingredientes y poner el aliño.
Dejar 15 o 20 minutos para que coja sabor. Servir frío.

Por ración:

Cal.	Prot.	Gras.	Hid. C.
125	7,1	1,6	21 + aliño

Huevos

Un huevo proporciona 76 calorías y aproximadamente 6 gramos de proteínas de alto valor biológico. En la actualidad no parece que haya razones que aconsejen una restitución del huevo, utilizándolo en técnicas culinarias con poca grasa y con ingredientes de bajo valor energético pueden emplearse en regímenes de adelgazar, proporcionando variedad a la dieta.

Huevos al plato con champiñón y pollo

60 min

Ingredientes	4 raciones
Huevos:	4 unidades
Pechuga de pollo:	100 gramos (asada)
Jamón serrano:	50 gramos
Champiñones:	400 gramos
Cebollas:	100 gramos
Aceite:	3 cucharadas
Limón y sal	

Preparación

La cebolla, picada muy fina, se estofa es en el aceite. Cuando está blanda se le añaden los champiñones fileteados rehogándolos bien.

Cuando estos estén hechos se incorporan el jamón a trocitos y la pechuga de pollo asada a cuadraditos no muy pequeños.

Se da a todo una vuelta y se riega con el vino, dejándolo reducir. Sazonar con sal y limón.

Repartir esta salsa en cuatro cazuelitas y poner en cada una un huevo.

Cuajar al horno unos minutos, sin que se endurezca la yema.

Por ración:

Cal.	Prot.	Gras.	Hid. C.
242	16	18	5,6

Huevos con puré

60 min

Ingredientes	4 raciones
Huevos:	4 unidades
Queso fresco:	100 gramos
Queso de Roquefort:	10 gramos

Leche:	4 cucharadas
Salsa de tomate:	1/4 litro
Patatas:	300 gramos
Leche para el puré de patata:	1 decilitro

Preparación

Cocer los huevos 12 minutos.

Cuando estén duros se pelan, se parten por la mitad, a lo largo, y se quitan las yemas, se aplastan las yemas junto con los quesos y las cuatro cucharadas de leche, y se rellena cada mitad de huevo con esta mezcla.

Se cuecen las patatas y se hacen puré, añadiéndoles la leche caliente. Se colocan los huevos en una fuente, rodeados con el puré de patata y cubiertos con un poco de salsa de tomate caliente y el resto en salsera. Puede sustituirse el queso por anchoas lavadas para quitar el aceite (cinco anchoas).

Por ración:

Cal.	Prot.	Gras.	Hid. C.
225	11,2	10,4	20,2

Huevos revueltos en tostada

50 min

Ingredientes	4 raciones
Huevos:	4 unidades
Pan de molde:	4 rebanadas
Champiñones:	400 gramos
Pimiento morrón:	100 gramos
Mantequilla:	20 gramos
Limón, sal, pimienta y perejil	

Preparación

Tostar las rebanadas de pan de molde en la mantequilla.

Rehogar los champiñones fileteados, con sal y limón.

Cuando estén hechos añadir el pimiento morrón (de conserva) a trocitos y los huevos batidos con sal y pimienta.

Cuajar removiendo sin que quede muy seco.

Repartir sobre las tostadas y servir inmediatamente espolvoreados de perejil.

Por ración:

Cal.	Prot.	Gras.	Hid. C.
209	12,7	10,4	16,8

Huevos al plato con champiñón y pollo (arriba)

Huevos con puré (derecha)

Huevos con esparragos y espinacas

Huevos con espárragos y espinacas

 60 min

Ingredientes	4 raciones
Huevos:	4 unidades
Espinacas:	400 gramos
Espárragos:	12 unidades
Cebollas:	100 gramos
Mantequilla:	20 gramos
Sal	

Preparación

Los huevos pueden escalfarse en agua hirviendo o hacerse a la plancha en una sartén antiadherente. Picar la cebolla muy fina y cocer con un poco de agua, hasta que quede hecha y con poco líquido, añadir la mantequilla y las espinacas limpias y sin tallos (si son congeladas pueden añadirse un poco blandas, pero sin descongelar del todo y picadas pequeñas con el cuchillo). Rehogar y dejar cocer, añadiendo un poco de agua si lo precisa y con la cacerola tapada, para que se hagan en su jugo. Servir los huevos recién hechos con las espinacas y los espárragos.

Por ración:

Cal.	Prot.	Gras.	Hid. C.
161	10	10	8

Huevos duros en ensalada

 60 min

Ingredientes	4 raciones
Huevos:	4 unidades
Tomates:	400 gramos
Pimientos asados o en conserva:	400 gramos
Aceite:	3 cucharadas
Perejil fresco picado:	1 cucharada
Sal	

Preparación

Los huevos se cuecen 12 minutos,
se pelan y se cortan
en gajos.
Los tomates se escaldan en agua hirviendo
y se pelan, cortándolos
en gajos.
Los pimientos rojos —si son asados se pelan—
se parten en tiras anchas.
Se mezcla todo y se aliña con el aceite, sal y abundante
perejil·picado.

Por ración:

Cal.	Prot.	Gras.	Hid. C.
210	33,2	135	38,4

Huevos a la plancha con arroz

🕐 **60 min**

Ingredientes	4 raciones
Huevos:	4 unidades
Tomates:	4 unidades
Arroz:	80 gramos
Aceite:	1 cucharada
Ajos:	1 diente
Azúcar:	1 cucharadita
Sal, orégano y perejil	

Preparación

Lavar los tomates, partirlos por la mitad y ponerlos en una fuente de horno espolvoreándolos con orégano, perejil y una pizca de azúcar. Cuando están asados —muy blandos— se sazonan. En una sarten con una cucharada de aceite se fríe el ajo picado y se rehoga el arroz. Añadir el doble volumen de agua o caldo y el zumo de medio limón y cocer hasta que el arroz quede seco y en su punto (puede admitir algo más de agua. Conviene probarlo). Hacer los huevos a la plancha en sartén antiadherente. Servir cada huevo con un moldecito de arroz y dos mitades de tomate asado.

Por ración:

Cal.	Prot.	Gras.	Hid. C.
198	8,7	8,7	20

Tortilla de trigueros

🕐 **75 min**

Ingredientes	4 raciones
Espárragos trigueros:	25 unidades
Huevos:	4 unidades
Pan:	1 rebanada
Ajos:	2 dientes
Vinagre:	1 cucharada
Aceite y sal	

Preparación

Los espárragos se limpian y se cuecen tumbados para queno se rompan, en poca cantidad de agua.

En un poco de aceite se fríen los dientes de ajo sin que se quemen. Se retiran al mortero, se fríe la rebanada de pan en el mismo aceite y se retira también al mortero. Se majan el ajo y el pan con un poco de sal y se deslíen con algo de agua de cocción de los espárragos y un poco de vinagre. En una sartén antiadherente pintada con un poco de aceite se echa un huevo batido, de modo que cubra el fondo. Cuando está a medio cuajar, sin mover, se ponen seis espárragos, unas cucharadas de salsa del mortero y se dobla por la mitad. Se acaba de cuajar dejándola jugosa.

Por ración:

Cal.	Prot.	Gras.	Hid. C.
142	8,2	10,6	4,5

Huevos a la plancha con arroz

Pescados

Los pescados contienen proteínas de alto valor biológico y son de menor valor calórico que la carne, porque tienen menos grasa. Incluso pescados grasos como la sardina o el boquerón tienen una cantidad de grasa (del 6 al 8 por 100) menor que las carnes consideradas como magras (pollo=10 por 100). Esta grasa del pescado tiene la ventaja de no elevar el nivel de colesterol sanguíneo, aunque para algunas personas puede resultar de digestión difícil. Los pescados grasos podrán consumirse elaborados con técnicas que no aumenten su valor calórico, como a la plancha, al horno, en escabeche, etcétera. Los pescados blancos tienen muy poca grasa y, por tanto, admiten otras técnicas de cocción además de las más sencillas, siempre que no se les proporcionen ingredientes demasiado calóricos. La mayor parte de las recetas de pescado que propongo tienen un valor energético inferior a las 200 calorías, mientras que todas las recetas de carne superan esta cifra. Además, el pescado proporciona importantes dosis de vitaminas y sales minerales

Rape con vinagreta

60 min

Ingredientes	4 raciones
Rape:	800 gramos
Cebollas:	1 unidad
Alcaparras:	50 gramos
Pepinillos:	50 gramos
Tomates:	3 unidades
Huevo duro:	1 unidad
Vinagre:	1 cucharada
Aceite:	3 cucharadas
Sal y pimienta	

Preparación

Cocer el pescado con laurel y cebolla, y trocearlo a trozos regulares.

Hacer una vinagreta con un poco de cebolla troceada muy menuda, alcaparras, pepinillos, huevo duro y tomate escaldado y pelado, también cortado a trocitos.

Sazonar con sal y pimienta, añadir el aceite y el vinagre y alargarlo con unas cucharadas del caldo de cocción del pescado. Mezclar con el pescado y dejar en maceración un par de horas antes de consumirlo.

Puede hacerse con otro tipo de pescado.

Por ración:

Cal.	Prot.	Gras.	Hid. C.
315	34	9,8	6

Rape con vinagreta

Filetes de lenguado con mejillones

  50 min

Ingredientes	4 raciones
Lenguados:	2 unidades grandes (150 gramos limpios por ración)
Vino blanco:	1/4 litro
Mejillones:	10 unidades
Puerro:	1 unidad
Nata:	1 decilitro
Laurel:	1 hoja
Pimienta en grano y sal	

Preparación

Sacar los filetes a los lenguados y reservar.
Abrir los mejillones, cociéndolos con
un poco de vino blanco, agua,
sal y laurel.

Quitar las valvas a los mejillones y reservar también el caldo.
Poner a cocer en el resto del agua y el vino:
las espinas de los lenguados, el puerro
troceado, la pimienta y el caldo
de los mejillones. Cocer unos 20 minutos y colar.
En una fuente de horno colocar los
filetes de lenguado y un poco del caldo,
para que se hagan, cuidando que la ebullición
sea suave y que no se pasen de punto.
El resto del caldo de pescado se reduce
por cocción y se le
une la nata líquida.
Se colocan en una fuente
de horno los mejillones junto a los filetes
de lenguado y se cubren con la salsa.

Por ración:

Cal.	Prot.	Gras.	Hid. C.
196	25,6	6,7	1,1

29

Cóctel de gambas

 60 min

Ingredientes

Lechuga:	1 unidad
Gambas:	20 unidades
Rape:	200 gramos
Apio:	2 tallos
Manzanas:	100 gramos
Laurel, tomillo y sal	

Salsa:

Leche:	1/4 litro
Aceite:	1/4 litro
Ketchup:	2 cucharadas
Coñac:	1 cucharada
Sal y limón	

Preparación

La lechuga se pica y se trocea en forma de serpentina fina. Las gambas se cuecen en agua con sal y se pelan. El rape se escalda en poca agua con sal y una hoja de laurel y se trocea. El apio se limpia y se corta en trozos pequeños. Las manzanas se pelan y se parten en gajos finos que se rocían con zumo de limón. En cuatro copas de cóctel se coloca un fondo de lechuga y en el medio una cucharada de la salsa. Sobre ella el resto de los ingredientes.

Salsa:

En un vaso de la batidora se pone la leche y el aceite y se bate hasta que tenga la consistencia de una mahonesa espesa. Aderezar con el ketchup, coñac, limón y sal.

Por ración:

Cal.	Prot.	Gras.	Hid. C.
79	8	260	1,8

Salmonetes con anchoas

 75 min

Ingredientes — 4 raciones

Salmonetes:	2 o 3 unidades por persona
Anchoas:	4 unidades
Tomates:	4 unidades
Aceitunas:	8 unidades
Perejil, sal, limón y aceite	

Preparación

Los salmonetes , una vez limpios y sazonados se untan con aceite y se hacen al horno en una fuente refractaria. Escaldar y pelar los tomates, quitar las pepitas y trocear muy fino. En

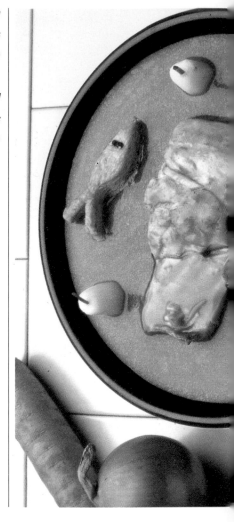

Dorada con almejas (izquierda)

Merluza al coñac (derecha)

una sartén, con una cucharada de aceite, rehogar los tomates unos minutos y añadir las anchoas lavadas y picadas, las aceitunas deshuesadas y a rodajas y el perejil picado, dar unas vueltas y servir sobre los salmonetes.

Por ración:

Cal.	Prot.	Gras.	Hid. C.
235	37	7,8	4,3

Dorada con almejas

 75 min

Ingredientes — 4 raciones

Dorada:	1 unidad
Cebollas:	2 unidades grandes
Almejas:	20 unidades
Sidra:	1/4 litro
Pimentón:	1 cucharadita
Laurel:	1 hoja
Aceite:	2 cucharadas
Perejil, picado y sal	2 cucharadas

Preparación

En una fuente de horno colocar la dorada limpia y cubrir con el agua, las cebollas picadas, Sidra, el pimentón, el aceite y sal. Cocer a horno bajo durante 1/2 hora. Aparte, poner en una cacerola las almejas con un poco de agua con sal y la hoja de laurel, retirándolas del fuego en cuanto estén abiertas. Colar el caldo y reservar. Sacar el pescado. Unir a la salsa el caldo de las almejas y triturarlo todo con un pasapuré o una minipimer. Cubrir con esta salsa el pescado y adornar con las almejas. Calentar todo junto unos minutos al horno y servir adornado con perejil picado. Esta receta puede hacerse también con merluza, rape, congrio o mero.

Por ración:

Cal.	Prot.	Gras.	Hid. C.
209	24	8,6	9

■ Merluza al coñac

 75 min

Ingredientes	4 raciones
Merluza:	4 rodajas de unos 200 gramos cada una

Zanahorias:	300 gramos
Cebollas:	250 gramos
Salsa de tomate:	1 decilitro
Laurel:	1 hoja
Coñac:	1 decilitro
Limón y sal	

Preparación

Se pican muy finas la zanahoria y la cebolla, y se ponen en una cazuela a cocer con un vaso de agua (pueden cocerse también en olla a presión).
Cuando esté blando, se incorpora agua, si lo necesita, pero de modo que no quede muy caldoso.
Añadir el coñac, la hoja de laurel y la salsa de tomate, y cuando rompe a hervir, se incorporan las rodajas de merluza sazonándolas con sal y limón.
Cuando el pescado esté en su punto se pone en una fuente y por encima la salsa.

Por ración:

Cal.	Prot.	Gras.	Hid. C.
200	33,6	1,6	13

Carnes

La carnes proporcionan a la dieta proteínas de alto valor biológico, así como vitaminas y sales minerales importantes, como por ejemplo el hierro. El valor calórico de la carne es proporcional a su contenido en grasa. Las más magras son el pollo, la ternera y la vaca. Como técnicas culinarias se aconsejan las carnes asadas y a la plancha y los guisos sencillos en los que intervienen pocos ingredientes grasos. Aquí damos algunos para proporcionar variedad a la dieta.

Brochetas de carne

 30 min

Ingredientes
4 raciones

Pechugas de pollo:	4 unidades o 400 gramos de carne de ternera troceada
Tomates muy pequeños:	4 unidades
Pimientos asados:	2 unidades
Alcachofas cocidas o de lata:	4 unidades
Coñac, limón, sal, pimienta, ajo y aceite	

Preparación
Trocear las pechugas en tacos y macerar con limón, coñac, pimienta y ajo picado. Ensartar en las brochetas la carne, los pimientos, las alcachofas y los tomates. Si los tomates no son pequeños se pueden asar para acompañar a las brochetas como guarnición. Asar en el horno o a la plancha con un poco de aceite.

Por ración:

Cal.	Prot.	Gras.	Hid. C.
240	21,8	13,4	7,6

Filetes de ternera a la napolitana

 90 min

Ingredientes

Filetes de ternera:	4 unidades de 100 gramos
Queso fresco:	4 lonchas finas de 50 gramos
Tomates:	4 unidades
Orégano, sal, azúcar y aceite	

Preparación
Preparar los filetes quitándoles la grasa. Dorar a la plancha en sartén antiadherente.

Colocar en una fuente resistente al horno los filetes y, sobre cada uno, una rodaja fina de tomate y una loncha de queso espolvoreado de orégano y sal. Meter unos minutos al horno para que se ablande el queso, pero sin dejar que se reseque la carne. Acompañar con el resto de los tomates asados al horno de la siguiente manera: se parten por la mitad y se espolvorean de perejil y orégano y un poco de azúcar (para neutralizar el ácido del tomate) y se asan al horno. Cuando se saquen se les pone sal y unas gotas de aceite.

Por ración:

Cal.	Prot.	Gras.	Hid. C.
304	22,1	2,2	6,5

Hamburguesas con pimientos

 60 min

Ingredientes
4 raciones

Carne de ternera picada:	500 gramos
Huevos:	1 unidad
Cebollas:	1 unidad
Leche:	1 decilitro
Pimientos carnosos:	500 gramos
Ajos:	2 dientes
Aceite:	1 cucharada
Sal y pimienta	

Preparación
Picar la cebolla. Cocerla en una pequeña cantidad de agua. Cuando esté cocida, escurrirla si tiene mucha agua —mejor que quede casi seca— y añadirle la leche. Trabajar la carne con el huevo, añadirle la cebolla con la leche, y condimentar con sal y pimienta. Formar las hamburguesas y hacerlas a la plancha en sartén antiadherente. Acompañar con pimientos asados —asar los pimientos al horno en seco y una vez asados pelarlos y hacerlos tiras—. Dorar el ajo picado en el aceite y rehogar los pimientos.

Por ración:

Cal.	Prot.	Gras.	Hid. C.
352	28,8	25	9

Brochetas de carne (arriba)

Hamburguesas con pimientos (abajo)

Pollo con frutas

◼ Pollo con frutas

 60 min

Ingredientes   4 raciones

Pollo:	1 unidad
Piña:	4 rodajas
Manzanas:	2 unidades
Vino blanco:	1 decilitro
Coco rallado:	1 cucharada

Curry, caldo, sal, pimienta, limón y aceite

Preparación

Trocear el pollo y sazonar con sal, pimienta y limón.

En una cazuela con tapadera poner un poco de aceite y dorar los trozos de pollo a fuego lento, de modo que el pollo suelte su grasa y coja color. Escurrir la grasa sobrante y dejar en la cazuela solamente los trozos de pollo. Incorporar el vino blanco y dejar cocer 15 minutos. Añadir el coco rallado, la manzana y la piña troceadas y el curry al gusto, cocer hasta que la manzana esté blanda. Si se desea, puede espesarse con maizena desleída en agua fría (una cucharada aproximadamente: 35 calorías).

Por ración:

Cal.	Prot.	Gras.	Hid. C.
290	20	11,6	27

◼ Filetes de vaca con tomate

 90 min

Ingredientes   4 raciones

Filetes de vaca:	4 unidades de 100 gramos cada uno
Cebollas:	2 unidades grandes
Campiñón:	400 gramos
Salsa de tomate:	2 decilitros

Pimienta, aceite y sal

Preparación

Preparar los filetes aplastándolos y cortando los nervios. Hacer a la plancha en una sartén antiadherente con poco aceite.

En la olla a presión colocar un lecho de cebolla partida en juliana y poner encima los filetes.

Incorporar los champiñones enteros, la salsa de tomate y un poco de caldo, cerrar la olla y cocer unos minutos.

Abrir y comprobar que la carne esté tierna y la salsa en su punto.

Si está clara, dejar reducir con la olla destapada.

Servir cubierto con la salsa y los champiñones.

Por ración:

Cal.	Prot.	Gras.	Hid. C.
258	21	17	5

Pollo a la cerveza

60 min

Ingredientes 4 raciones

Pollo:	1 unidad
Cebollas:	2 unidades grandes
Ajos:	1 diente
Cerveza:	1 botellín
Sal, pimienta y limón	

Preparación

Cortar las cebollas en tiras finas.

Partir el pollo en cuartos.

En una fuente de horno se coloca un lecho de cebolla y sobre él el pollo aderezado con sal, pimienta, limón y ajo picado.

Meter al horno hasta que se dore, cuidando que no se queme la cebolla.

Cuando esté dorado se pone todo en la olla a presión y se cubre con la cerveza.

Se tapa y se cuece unos 5 minutos (al consumirse el alcohol por la cocción, la cerveza pierde valor energético).

Servir con la salsa de cebolla, triturada o sin triturar.

Por ración:

Cal.	Prot.	Gras.	Hid. C.
200	21	11	10

Pollo a la cerveza

Otros segundos platos

El queso, fiambres e incluso las masas finas —crêpes, empanadas— en las debidas proporciones, pueden constituir platos de un valor energético aceptable, dependiendo de la restricción calórica de la dieta. Aquí vemos algunas ideas, que pueden servir de orientación para elaborar platos diferentes.

Rollitos de york

 45 min

Ingredientes	4 raciones
Jamón de york:	4 lonchas de 70 gramos cada una
Plátanos:	1 unidad pequeña (75 gramos pelado)
Manzanas:	3 unidades grandes (unos 400 gramos total)
Limones:	1 unidad
Queso fresco:	50 gramos
Corn flakes:	50 gramos

Preparación

Se ralla la manzana y se une al zumo de un limón.
El plátano, aplastado, se une a la manzana rallada, al queso fresco en cuadritos y a los *corn flakes*.
Untar con esta mezcla las lonchas de jamón y enrollar.

Por ración:

Cal.	Prot.	Gras.	Hid. C.
320	17,4	15,5	27,5

Jamón de york con espárragos

 45 min

Ingredientes	4 raciones
Jamón de york:	4 lonchas de 100 gramos cada una
Ensaladilla rusa congelada:	200 gramos
Espárragos:	12 unidades
Mahonesa:	2 cucharadas
Yogur:	4 cucharadas

Preparación

Cocer la ensaladilla en agua con sal.
Escurrir y dejar enfriar.
Mezclar la mahonesa con el yogur;
untar con esta mezcla cada loncha de jamón con una capa muy ligera y el resto mezclarlo con la ensaladilla.
Repartir la ensaladilla en cada loncha, colocar los espárragos de modo que asomen las puntas y doblar la loncha enrollándola.

Por ración:

Cal.	Prot.	Gras.	Hid. C.
328	21,6	23,3	8

Jamón de york con espárragos

Jamón de york con piña

 40 min

Ingredientes	4 raciones
Jamón de york:	4 lonchas de 70 gramos
Piña:	1 lata con unas 8 ruedas
Azúcar:	1 cucharada (10 gramos)
Mantequilla:	10 gramos

Preparación

Derretir la mantequilla en una sartén y hacer
a la plancha el jamón de york, colocándolo en una fuente.
En la misma mantequilla, añadir el azúcar
y mover bien, hasta que se haga caramelo.
Incorporar 2 decilitros del almíbar de la piña
y la mitad de las ruedas de piña troceadas.
Cocer unos minutos y
cubrir con ello el jamón.
Adornar con las restantes ruedas de piña.

Por ración:

Cal.	Prot.	Gras.	Hid. C.
440	13,9	37	12

Tostada con queso fresco

 45 min

Ingredientes	4 raciones
Queso fresco:	4 lonchas de 100 gramos cada una
Pan de molde:	4 rebanadas finas
Champiñón:	100 gramos
Zanahorias:	100 gramos
Manzanas:	100 gramos
Limón y sal	

Preparación

Limpiar y pelar los champiñones y cortar en láminas muy
finas, macerar con sal y limón.
Rallar la zanahoria y la manzana en juliana
y mezclar con la maceración del champiñón.
Tostar el pan de molde, poner encima
de cada tostada una loncha de queso —secarla si es
queso húmedo— y, encima, repartir la mezcla anterior.

Por ración:

Cal.	Prot.	Gras.	Hid. C.
214	11,7	8	23,8

37

Crepes doblados

 60 min

Ingredientes	4 raciones
Huevos:	2 unidades
Leche:	1 decilitro
Tomates:	1 unidad grande
Jamón de york:	2 lonchas de 100 gramos cada una
Queso fresco:	100 gramos
Aceite:	para pintar la sartén
Estragón y sal	

Preparación

Batir los huevos con la leche, sazonar y en una sartén antiadherente, del diámetro de un plato, cuajar cuatro tortitas finas, dorándolas un poco por las dos caras. Doblar en cuatro como un pañuelo y dentro de cada una de ellas colocar: una rodaja de tomate y un trocito de queso, de modo que no sobresalgan por el extremo abierto.

Por ración:

Cal.	Prot.	Gras.	Hid. C.
235	16,2	16,8	3,2

Crepes de ensalada

 60 min

Ingredientes	4 raciones
Huevos:	2 unidades
Leche:	1 decilitro
Lechuga:	200 gramos
Anchoas:	4 unidades
Puntas de espárragos:	1 lata pequeña
Alcachofas:	1 lata pequeña
Aceite:	2 cucharadas
Vinagre:	1 cucharada
Pimienta y sal	

Preparación

Batir los huevos con la leche, condimentar con sal y pimienta y cuajar en una sartén antiadherente cuatro tortitas finas, del diámetro de un plato. Lavar y trocear la lechuga en tiras finas. Cortar en cuartos las alcachofas. Lavar las anchoas y cortarlas en trozos pequeños. Mezclar la lechuga, las alcachofas, los espárragos y las anchoas. Aliñar y rellenar con ello las tortitas doblándolas por la mitad.

Por ración:

Cal.	Prot.	Gras.	Hid. C.
140	7	9,3	6,1

Empanadas de pescado

 **120 min**

Ingredientes

Para la masa:

Harina:	200 gramos
Agua:	1/2 vaso
Levadura de pan:	40 gramos
Sal	

Para el relleno:

Filetes o medallones de merluza:	500 gramos
Aceite:	2 cucharadas
Azafrán, pimienta blanca y sal	

Preparación

Masa:

Deshacer la levadura en el agua tibia y mezclar poco a poco la harina —puede no admitirla toda— hasta obtener una masa no muy dura. Amasarla un poco para que tenga elasticidad y dejar reposar una 1/2 hora para que fermente, aumentando su volumen al doble.

Majar unas hebras de azafrán en el mortero con un poco de sal. Cuando está en polvo, poner el pescado a macerar con

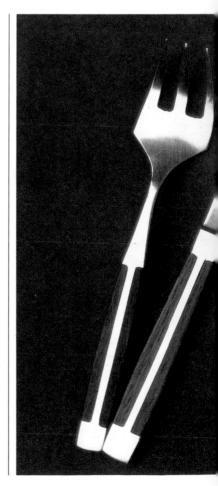

Empanadas de pescado

la pimienta, el azafrán, la sal y el aceite. Estirar la masa con el rodillo hasta que quede fina y cortar ocho discos de unos 12 centímetros de diámetro. En el centro de cuatro de los discos colocar el pescado en trozos y cubrir con el resto de la masa. Pegar los bordes con agua y pintar con huevo batido. Cocer a horno medio.

Por ración:

Cal.	Prot.	Gras.	Hid. C.
317	26	6,3	37,5

Empanadas argentinas

60 min

Ingredientes

Para la masa:

Harina:	200 gramos
Agua:	1/2 vaso
Levadura de pan:	30 gramos
Sal	

Para el relleno:

Cebollas:	100 gramos
Patatas:	200 gramos
Carne de ternera picada:	300 gramos
Caldo concentrado:	3 cucharadas
Huevos:	1 unidad
Pimienta negra molida, sal	

Preparación

Masa:

Deshacer la levadura en el agua tibia y añadirle la sal y la harina, mezclando hasta obtener una masa no muy dura (según el tipo de harina, puede no admitir los 250 gramos, por esto conviene añadirla poco a poco). Dejar fermentar en un lugar templado hasta que aumente su volumen al doble.

Relleno:

Picar muy pequeña la cebolla, mezclar con la carne picada, el huevo, el caldo y la patata cortada a dados muy pequeños. Condimentar con sal y pimienta. Extender la masa muy fina y cortar ocho discos de unos 12 centímetros de diámetro. Colocar el relleno en el centro de cuatro de ellos y cubrir cada uno con los discos restantes, pegando los bordes con huevo batido. Apretar bien los bordes y pintar toda la masa. Cocer a horno suave aproximadamente 1 hora.

Por ración:

Cal.	Prot.	Gras.	Hid. C.
370	18	10,4	49,4

Platos combinados

Es cada vez más frecuente la utilización de platos combinados que, con un postre de fruta, pueden constituir un menú completo.

Un plato combinado suele tener: un alimento proteico —carne, pescado, huevos, queso—, alguna verdura y una cierta proporción de algún elemento que posea más cantidad de hidratos de carbono, como arroz, patatas, pan... los ingredientes de más densidad energética —como, por ejemplo, los frutos secos— pueden emplearse siempre que sea en poca cantidad.

◾ Combinado de queso

 15 min

Ingredientes	4 raciones
Queso fresco:	4 lonchas de 100 gramos cada una
Tomates:	4 rodajas finas
Plátanos:	2 unidades
Pan de molde:	4 rebanadas
Lechugas:	200 gramos
Naranjas:	2 unidades grandes
Aceite:	3 cucharadas
Sal	

Preparación

En las rebanadas de pan de molde colocar una rodaja de tomate, la loncha de queso y el medio plátano a rodajas. Meter a horno suave unos 10 minutos.

Pelar la naranja y separar los gajos; lavar y cortar la lechuga, mezclar con los ajos y la naranja y aliñar con el aceite y la sal.

Repartir en cuatro platos para acompañar a las tostadas de queso.

Por ración:

Cal.	Prot.	Gras.	Hid. C.
354	13	15	39,4

◾ Combinado serrano

 15 min

Ingredientes	4 raciones
Jamón serrano:	4 lonchas de 100 gramos cada una
Salsa de tomate:	1/4 litro
Copos de pure de patata:	100 gramos
Judías verdes:	500 gramos
Caldo desgrasado:	1/4 litro (tradicional o comercial)

Combinado de queso

*Combinado
de pollo*

Preparación

En una sartén antiadherente
hacer a la plancha las
lonchas de jamón serrano, sin el tocino.
Hacer un puré de patata con el caldo y
copos de puré.
Cocer las judías verdes —frescas o congeladas—
en agua con sal y escurrir.
Repartir en cuatro platos las lonchas de jamón,
el puré de patata —puede sustituirse por patatas
hervidas: 100 gramos por persona— y
las judías verdes.
Acompañar con salsa de tomate caliente.

Por ración:

Cal.	Prot.	Gras.	Hid. C.
490	19,5	31,4	32

Combinado de pollo

 60 min

Ingredientes	4 raciones
Pechugas:	4 unidades
Piña:	2 ruedas
Manzanas:	2 unidades
Arroz:	80 gramos
Queso fresco:	150 gramos
Limones:	1 unidad en zumo
Mantequilla:	20 gramos
Perejil picado:	1 cucharada

Preparación

Cocer el arroz en abundante agua.
Y escurrir.
Cocer las manzanas partidas en
cuartos con un poco
de agua y limón.
Hacer una pechuga a
la plancha.
Disponer en cuatro platos la pechuga,
dos gajos de manzana cocida, media piña y
el queso fresco a cuadritos mezclado
con el arroz.
En una sartén pequeña
derretir la mantequilla,
cuando esté caliente añadir el perejil picado y
el zumo de un limón.
Repartir sobre el arroz en cada plato.

Por ración:

Cal.	Prot.	Gras.	Hid. C.
332	23,4	17	18,9

Combinado de arroz

 60 min

Ingredientes	4 raciones
Arroz:	120 gramos
Piña:	4 ruedas troceadas
Jamón de york:	400 gramos en tacos
Manzanas:	4 unidades medianas
Plátanos:	1 unidad
Pasas:	500 gramos
Aceite de girasol:	3 cucharadas
Azúcar:	1 cucharada

Preparación

En cuatro brochetas insertar los tacos
de jamón de york y la piña alternándolos,
en una sartén
poner el aceite y dorar las brochetas, cuando
ya lo están, rehogar.
En una sartén poner el aceite y dorar las brochetas.
En una sartén poner el aceite y dorar las manzanas
troceadas a cuadritos, el plátano también troceado y las
pasas.
Añadir unas cucharadas de agua para que
se cuezan un poco las manzanas y
la cucharada de azúcar y dejar unos minutos
hasta que la fruta se ablande y se
consuma el agua.
Cocer el arroz en abundante agua con sal.
Escurrir y mezclar con las frutas.
Repartir el arroz con frutas en cuatro platos para
acompañar a cada brocheta.

Por ración:

Cal.	Prot.	Gras.	Hid. C.
560	22	28	53

Combinado de huevo con patatas

 60 min

Ingredientes	4 raciones
Patatas:	4 unidades de unos 100 gramos cada una
Huevos:	4 unidades
Tomates:	4 unidades (pequeños)
Anchoas:	8 unidades

Preparación

Lavar las patatas, envolver en papel de aluminio y asar al

horno hasta que estén blandas
(comprobar pinchándolas).
Lavar los tomates, partir por la mitad y
poner cada mitad con una anchoa previamente
lavada y espolvorear con tomillo.
Asar al horno
hasta que estén muy blandos.
Hacer el huevo a la plancha en
sartén antiadherente.
Repartir en cada plato un huevo, la
patata asada envuelta en su papel y dos
unidades de tomate asado.

Por ración:

Cal.	Prot.	Gras.	Hid. C.
224	14	7,7	23,6

Combinado frío

 15 min

Ingredientes	4 raciones
Huevos:	4 unidades
Espárragos:	12 unidades
Jamón de york:	2 lonchas de 100 gramos cada una
Alcachofas:	1 lata pequeña

Para la salsa:

Leche:	1 decilitro
Aceite:	1 decilitro
Mostaza:	1 cucharada
Sal	

Preparación

Cocer los huevos 12 minutos, pelar.
Partir cada loncha en dos, a lo largo.
Si las alcachofas de lata son muy ácidas,
escaldarlas unos minutos en agua hirviendo
y escurrir.

Salsa:

Poner los ingredientes en la minipimer y
batir hasta que quede como una mahonesa espesa.
Repartir en cuatro platos:
Un huevo duro por la mitad, tres espárragos
envueltos en la media loncha de jamón
de york, tres o cuatro alcachofas y una
cucharada de salsa.

Por ración:

Cal.	Prot.	Gras.	Hid. C.
82	5,1	4	3,7

Postres

El postre más adecuado, desde todos los puntos de vista, es la fruta: la fruta aporta gran cantidad de vitaminas y elementos minerales, además de fibra vegetal indigerible. Algunas recetas de repostería —la mayor parte de ellas con frutas— pueden también emplearse, para elaborar postres diferentes, pero con precaución; la mayor parte de los productos de repostería tienen un valor calórico elevado.

Crepes de manzana

    30 min

Ingredientes

Para la masa:

Harina:	60 gramos
Huevos:	2 unidades
Leche:	1 decilitro
Sal	

Para el relleno:

Manzanas:	3 unidades
Naranjas:	1 unidad
Azúcar:	2 cucharadas
Coñac:	2 cucharadas

Preparación

Crepes:

Se vierte la leche sobre la harina, removiendo para que no se formen grumos. Se añaden los huevos y se mezcla bien. Sazonar. En una sartén antiadherente pequeña y pintada con mantequilla se forman los crepes finos; salen unos doce.

Relleno:

Pelar y partir las manzanas y ponerlas a cocer a fuego lento con el azúcar y el coñac, el zumo y la ralladura de naranja. Removerlas con el batidor para hacerlas puré. Rellenar cada crepe con una capa de puré de manzana, doblar y servir caliente o frío.

Cal.	Prot.	Gras.	Hid. C.
184	5,8	4,2	30,7

Crepes de manzana

Espuma de

limón

Espuma de limón

 60 min

Ingredientes	6 raciones
Claras de huevo:	6 unidades
Azúcar:	250 gramos
Zumo de limón:	2 decilitros
Cola de pescado:	2 hojas
Ralladura de limón	

Preparación

Deshacer las hojas de cola de pescado en dos
cucharadas de agua, poner al fuego en un cazo.
Batir las claras a punto de nieve con el azúcar. Cuando
estén bien duras se les añade la cola de pescado
templada, poco a poco y sin dejar de batir, y el zumo y la
ralladura de limón. Volcar en un frutero de cristal o en
copas y dejar cuajar en el frigorífico.

Por ración:

C	P	G	HC
230	5,5	—	46

Compota de albaricoque

 75 min

Ingredientes	4 raciones
Albaricoques:	4 unidades (pequeños)
Azúcar:	2 cucharadas
Agua:	1/4 litro (aproximadamente)
Nata líquida:	1 decilitro

Preparación

Colocar en el fondo de un cazo donde quepan juntos los
albaricoques —una vez lavados— de modo que el agua
los cubra y añadir el azúcar. Acercar al fuego y cuando el
agua rompe a hervir, espumar, tapar y retirar del fuego
para que se ablande. Cuando están templados, retirar
con cuidado los albaricoques y reducir el almíbar por
cocción hasta que quede aproximadamente 1 decilitro.
Mezclar con la nata y cubrir con ello los albaricoques.

Por ración:

C	P	G	HC
124	1,2	6	16

45

Macedonia tropical

 20 min

Ingredientes	4 raciones
Piña:	200 gramos
Fresas o frambuesas:	200 gramos
Kiwi:	200 gramos
Plátanos:	100 gramos
Azúcar:	2 cucharadas
Limones:	1/2 unidad

Preparación

Partir las ruedas de piña en octavos.

Las frambuesas enteras (si son fresas por la mitad).

El kiwi en trozos grandes. El plátano en rodajas finas, espolvorear las frutas con azúcar y el zumo de limón, mezclarlos y dejarlos en maceración durante 1 hora antes de servir. Servirla fresca, pero no excesivamente fría.

Por ración:

C	P	G	HC
125	1,1	0,5	29

Espuma de fresas

 60 min

Ingredientes	6 raciones
Fresas:	200 gramos
Azúcar:	150 gramos
Claras de huevo:	4 unidades
Nata líquida:	2 decilitros
Cola de pescado fina:	3 hojas
Limones:	1 unidad en zumo

Preparación

Limpiar las fresas y macerar con 50 gramos de azúcar y limón. Triturar después.

Montar la nata sin azúcar. Reservar. Deshacer las hojas de cola de pescado en dos cucharadas de agua, poniendo al fuego en un cazo y sin dejar de mover. Montar las claras con los 100 gramos de azúcar restantes, añadir la cola de pescado sin dejar de batir con la batidora al mínimo, y el puré de fresas, añadir suavemente la nata montada.

Volcar en un molde y enfriar en el frigorífico. Desmoldar y adornar con hojas de menta.

Por ración:

C	P	G	HC
220	3,2	8	29

Macedonia a gajos

 15 min

Ingredientes	4 raciones
Naranjas:	3 unidades
Manzanas:	3 unidades
Peras:	3 unidades
Azúcar:	3 cucharadas
Limones:	1 unidad

Preparación

Pelar las naranjas, pero sin quitar la piel blanca. Trocear esta cáscara en tiras finas (juliana) y cocerlas partiendo de agua fría. Después de 10 minutos de cocción escurrir y cambiar de agua (es para quitar el amargor). Volver a poner al fuego con 1/4 litro de agua y las tres cucharadas de azúcar. Cocer otros 10 minutos y dejar enfriar en el mismo almíbar. Quitar la piel blanca a las naranjas y separar los gajos quitándole las pieles. Pelar las manzanas y cortarlas en gajos del grosor de la naranja y rociárlo con el zumo de limón. Hacer lo mismo con las peras partiéndolas también a gajos. Mezclar todas las frutas con el almíbar y la juliana de la naranja y dejar reposar 1/2 hora antes de servir. Se ha de tomar fresca, pero no excesivamente fría, para apreciar bien el sabor de la fruta.

Por ración:

C	P	G	HC
153	1,2	0,7	35

Naranjas rellenas

 30 min

Ingredientes	4 raciones
Naranjas:	4 unidades grandes
Zanahorias:	300 gramos
Azúcar:	3 cucharadas
Yogur:	1 unidad

Preparación

Cortar la parte superior de la naranja como una tapadera, vaciar y recoger toda la pulpa de la naranja en el vaso de la batidora para triturarlo. Una vez triturada se cuela. Cocer la zanahoria con poca agua —puede ser en olla a presión— y triturada en caliente, añadirle el azúcar y el zumo de naranja. Mezclarlo con el yogur y rellenar las naranjas. Servir frío.

Por ración:

C	P	G	HC
125	2,9	1,3	26,4

Tabla de composición de alimentos (por 100 gramos de alimento puro

Alimento	Valor Calor. n.°	Agua g	Proteínas g	Lípidos g	Glúcidos g	Celulosa g
CARNES						
Caza: Perdiz	115	72	25	1,4	0,5	—
Cerdo: Carne	290	67,1	17,1	22,9	0	0
Jamón	344	53	15,2	31	0	0
Cordero:	280	58	16	24	0	—
Ternera: Hígado	137	70,4	19	4,9	4	—
Sesos	117	81	10	8,3	0	0
Vaca: Callos	99	79	19,1	2,0	0	0
Carne	222	60	16,9	17,0	0	0
Hígado	136	70,9	19,3	4,2	3,6	0
Riñones	140	75	15	8,1	1	0
Aves: Gallina	297	56	18	25	0	—
Pavo	268	58,3	20,1	20,2	0	0
Pollo	185	68	20,0	11,0	0	0
Embutido (medio)	320	55	16	28	0	0
Salchichas: Frantfurt	205	64,3	15,2	14,1	0	0
PESCADOS Y MARISCOS						
Almeja, chirla	53	86	11	0,9	0	—
Atún fresco	225	59	27	13	0	—
Bacalao	70	82,6	16,5	0,4	0	0
Cangrejo fresco	99	77,2	16,9	2,9	1,3	—
Lenguado y gallo	65	82,7	14,9	0,5	0	—
Mejillón	73	83,3	11,9	1,8	2,2	—
Merluza	70	82	16	0,6	0	—
Pescadilla	86	80	17	2	0	—
Salmonete	99	78	18	3	0	—
Sardina en aceite	331	47,1	21,1	27	1	0
Trucha	96	78	19,2	2,1	0	0
OTROS ALIMENTOS						
Aceitunas negras	156	73,5	1,6	15	3,5	1,6
Aceitunas verdes	132	75	1,5	13,5	4	1,2
Bechamel	162	73	4	13,5	4	1,2
Biz. soletilla	300	—	7	7	77	—
Cacao	452	2,5	20,4	25,6	35	—
Extracto de carne	—	19,5	19	—	16,5	—
Flan	100	77	2	2	19	0,2
Galleta María	421	—	5,6	10	77	—
Helado 12 % mg.	207	62	4	13	21	0
Cake	401	18	3,4	16,3	60	—
Magdalenas	490	—	5,5	24	63	—
Pasteles variados	282	38	8	10	40	—
Puré de manzana	91	76	Tr.	Tr.	24	0,5`
				(Contenido en alcohol)		
BEBIDAS						
Cerveza	50	90	0,6	4,4	4	0
Coca-cola	45	—	0	0	11,3	—
Vino medio	65	—	—	10	0,1	—
LEGUMBRES SECAS						
Alubias blancas	350	10,5	22	1,5	62,1	4,4
Garbanzos	354	10,5	22	3,0	60,0	5,4
Lentejas	339	10,0	24,7	1,8	59,2	3,7
FRUTOS SECOS						
Almendra	596	4,7	18,6	54,1	19,6	2,0
Avellana	671	6	12,7	60,9	18	3,4
Cacahuete	560	5,2	30,6	46,1	18,2	3,3
Dátil	284	20	2,2	0,6	75	2,4
Higo	270	21,1	3,1	0,2	73	3,4
Nuez	654	3,3	15	64,4	15,6	2,1
Uvas pasas	268	24	2,3	0,5	71,2	1,8
CEREALES Y DERIVADOS						
Arroz	363	11,8	8,2	0,46	79,3	0,2
Harina	370	12	10,8	1,1	75,5	0,3
Harina Maizena	362	12	0,5	0,3	86,9	0,2
Pan blanco	260	36	8,5	2,0	52	—
Pasta italiana	360	11	13	1,4	73,9	0,4
Tapioca	350	12,6	0,6	0,2	80,4	0,1
AZUCARES Y DERIVADOS						
Azúcar	387	Tr.	—	—	99,3	—
Chocolate dulce	542	1	6	35,5	54	0,5

Alimento	Valor Calor. n.°	Agua g	Proteínas g	Lípidos g	Glúcidos g	Celulosa g
Jalea (media)	261	35	0,2	0	65	0
Mermelada (media)	278	28	0,3	—	70,8	0,6
Miel	294	20	0,3	0	79,5	0
GRASAS Y ACEITES						
Aceite de girasol	900	Tr.	0	99,9	0	0
Aceite de oliva	884	Tr.	0	100	0	0
Manteca de cerdo	902	Tr.	0	100	0	0
Mantequilla	716	15,5	0,6	81	0,4	0
Margarina	754	16	0	83,5	0,4	—
Mahonesa fresca	729	15,5	1,5	79	3	—
LACTEOS Y DERIVADOS						
Leche condensada	327	27	8,1	8,4	54,8	0
Leche descremada	36	90,5	3,5	0,1	4,8	0
Leche entera	65	87,3	3,30	4,01	0,94	0
Nata	316	61,6	2,3	32,7	3,1	—
Queso fresco	118	79	8,5	7,5	4	0
Queso medio	368	53	7,1	36,9	2	0
Yogur	72	86,1	4,8	3,8	4,5	—
HUEVOS						
Huevos	158	74	12,8	11,5	0,7	—
1 clara (31 gramos)	15	27	3,3	—	0,3	—
1 yema (17 gramos)	61	8,5	2,8	5,4	0,05	—
FRUTAS Y ZUMOS						
Albaricoque	51	85,3	0,9	0,2	12,9	0,6
Cerezas	60	83,4	1,1	0,4	14,0	0,5
Ciruela	50	85,7	0,7	0,2	12,9	0,5
Fresa	37	90	0,8	0,6	8,1	1,2
Higos frescos	65	71,7	1,2	0,4	16,1	1,4
Limones	32	89,3	0,9	0,6	8,7	0,9
Limón zumo	24	91,4	0,4	0,2	5,7	—
Mandarina	44	87	0,8	0,3	10,9	1,0
Manzanas	58	84	0,3	0,4	15,0	0,9
Melón	47	86,6	0,8	0,2	11,8	0,6
Membrillo fresco	52	84	0,3	0	14,1	2,4
Melocotón fresco	47	86,6	0,8	0,2	11,6	0,6
Melocotón en almíbar	68	80,9	0,4	0,1	18,0	0,2
Naranjas	45	87,1	0,9	0,2	11,3	0,8
Naranja zumo	49	86	0,6	0,1	12,9	0,1
Pera	61	83,2	0,5	0,4	15,5	1,5
Pera en almíbar	68	81,1	0,2	0,1	18,4	0,8
Plátano	94	73,9	1,3	0,4	24,0	0,5
Piña fresca	47	86,7	0,4	0,2	12,2	0,5
Piña lata	78	78,0	0,4	0,1	21,2	0,3
Uvas	68	81,6	0,8	0,1	16,7	4,3
HORTALIZAS						
Acelgas	33	90,8	1,6	0,4	5,6	1,5
Ajos	138	63,4	6,0	0,15	28,1	1,1
Alcachofas	51	83,7	3,0	0,2	11,6	1,9
Apio	20	93,3	1,1	0,2	4,3	0,9
Berenjenas	27	92,4	1,2	0,2	5,1	0,9
Cebollas	40	88,8	1,4	0,2	9,6	0,8
Col	25	92	1,6	0,1	5	1,3
Coles de bruselas	47	84,8	4,7	0,5	8,7	1,2
Coliflor	25	91,7	2,4	0,2	4,9	0,9
Champiñón	26	90,0	4	0,5	3,3	0,8
Escarola	20	95,1	1,2	0,1	3,4	0,6
Espárragos frescos	21	92,5	2,1	0,2	3,5	0,5
Espárragos de lata	17	93,8	1,6	0,3	2,9	0,5
Espinacas	22	92,1	2,3	0,3	3,9	2,7
Guisantes frescos	90	75,0	6,7	0,4	17	2,2
Guisantes de lata	69	82,3	3,4	0,4	12,9	1,3
Judías verdes	35	89	2,4	0,2	7,6	1,5
Lechuga	15	94,8	1,3	0,2	0,8	0,6
Patatas	85	77,8	2,0	0,1	19,1	0,4
Patatas a la inglesa	557	3,1	6,7	37,1	49	1,1
Pepino	13	95,6	0,8	0,1	3,0	0,6
Perejil	50	84	3,7	1,0	9	1,8
Pimiento verde	24	92,8	1,2	0,2	5,3	1,4
Puerro	24	90	1,8	0,4	4	1,3
Remolacha	42	87	1,6	0,1	9,6	0,9
Tomate fresco	23	94,1	1,0	0,3	4,0	0,6
Tomate en zumo	23	93,5	1,0	0,2	4,3	0
Zanahorias	40	88,6	1,1	0,2	9,1	1,0

Indice de Recetas

Vocabulario de americanismos

Aceite: oleo.
Aceituna: oliva
Ajo: chalote.
Albaricoque: damasco, albarcoque, chabacano.
Alcachofa: alcahucil, alcaucil, alcací.
Alcaparra: pápara.
Anchoa: anchova, boquerón.
Apio: apio España, celerí, arracachá, esmirnio, panul, perejil macedonio.
Arroz: casulla, macho, palay.
Atún: abácora, albácora, bonito.
Bacalao: abadejo.
Calabacín: calabacita zambo, zapatillo, hoco, zapallo italiano.
Carne de vaca: carne de res.
Champiñón: seta, hongo.
Coliflor: bróculi, brécol, brócoli, brócul, repollo morado, brecolera.
Curry: cary.
Endibia: escarola.
Escarola: lechuga crespa.

Frambuesa: mora.
Fresa: frutilla.
Gamba: camarón, langostino.
Garbanzo: mulato.
Hierbabuena: hierba santa, hierba menta, huacatay.
Huevo: blanquillo.
Jamón: pernil.
Jamón serrano: jamón crudo.
Jamón de york: jamón cocido.
Judías verdes: bajoca, chaucha, porotos verdes, vaina, ejote.
Lenguado: suela.
Limón: acitrón, buziaga, lima.
Manzana: pero, perón.
Maizena: capi.
Maíz: capia, cangul, cuatequil.
Mejillón: moule, ostión, cholga.
Merluza: corvina.
Mostaza: jenabe, mostazo.
Nata líquida: crema de leche sin batir.
Nuez: coca.

Pan de molde: pan inglés, pan sandwich, pan cuadrado, pan de caja.
Pan rallado: pan molido.
Patatas: papas.
Pepinillo: pepino pequeño encurtido.
Pescadilla: merluza pequeña.
Pimentón: chile poblano.
Pimiento morrón: ají morrón.
Piña: ananás, abacaxí.
Plátano: banana, banano, cambur.
Pomelo: pamplemusa, toronja.
Puerro: ajoporro, porro.
Rábano: rabanillo.
Rape: raspado, pejesapo.
Remolacha: betabel, betanaga, betenaga, beterraga, beterreve, teterrave.
Repollo: col.
Salsa de tomate: tomatican.
Tomate: jitomate.
Zanahoria: azanoria.